AF362713

UN QUIPROQUO

AU ROSENDAL,

OU

LE COMMISSAIRE-PRISEUR,

VAUDEVILLE EN UN ACTE.

UN QUIPROQUO

AU ROSENDAL,

OU

LE COMMISSAIRE-PRISEUR,

VAUDEVILLE EN UN ACTE,

Par **MM. GOUCHON** et **HERREWYN FILS,**

DE DUNKERQUE.

REPRÉSENTÉ, POUR LA PREMIÈRE FOIS, SUR LE THÉATRE DE DUNKERQUE, LE 13 JANVIER 1830, SOUS LA DIRECTION DE M. DELORME.

DUNKERQUE.

IMPRIMERIE DE DROUILLARD, RUE DES PIERRES, N° 3.

FÉVRIER **1830.**

Je souhaite vous rencontrer dans un de ces momens heureux, où, dégagé de soins, content de votre santé, de vos affaires, de votre maîtresse, de votre dîner, de votre estomac, vous puissiez vous plaire un moment à la lecture de mon Barbier de Séville; car il faut tout cela pour être homme amusable et lecteur indulgent.

Mais si quelque accident a dérangé votre santé, si votre état est compromis, si votre belle a forfait à ses sermens, si votre dîner a été mauvais, ou votre digestion laborieuse, ah! laissez mon Barbier; ce n'est pas là l'instant. Quel charme aurait une production légère au milieu des plus noires vapeurs? On rit peu de la gaieté d'autrui, quand on a de l'humeur pour son propre compte.

Beaumarchais.

PERSONNAGES.	ACTEURS.
MORONVAL, père d'Alfred . . .	M. ALFRED.
ALFRED, amant d'Eugénie . . .	M. BATISTE.
FRANVAL, ami d'Alfred	M. AUGUSTE.
ROCHAIN, parasite	M. DELORME.
BABOULARD, propriétaire . . .	M. DÉSORMES.
Mme DORMEUIL, mère d'Eugénie.	Mme ST.-AMAND.
EUGÉNIE	Mme ALFRED.

La Scène est à Dunkerque.

UN QUIPROQUO

AU ROSENDAL,

ou

LE COMMISSAIRE-PRISEUR.

Le théâtre représente un côté du Jardin-Royal.

SCÈNE PREMIÈRE.

ALFRED.

Il est bientôt six heures, et Franval n'arrive pas....
C'est cependant ici le Jardin-Royal, le rendez-vous de
la bonne société.... Personne encore, et impossibilité
de le trouver chez lui.... Attendons ; il ne peut
manquer de venir.... Si je pouvais du moins rencontrer ma chère Eugénie.... mais si elle est avec
sa mère, que je ne connais pas encore, comment...?

SCÈNE II.

ALFRED, FRANVAL.

ALFRED.

Te voilà donc, mon cher Franval! que je suis aise
de te voir!

FRANVAL.

Eh, parbleu! mes yeux ne me trompent pas....
C'est Alfred Moronval, un ancien ami que je serre

dans mes bras.... Tu viens sans doute passer quelque temps à Dunkerque?... J'en suis ravi ... Tu verras les succès que j'obtiens au barreau, car apprends que je suis avocat.

ALFRED.

Toi, avocat?... un esprit léger, une tête folle....

FRANVAL.

Bon ! voudrais-tu que je ressemblasse à nos anciens Cujas empesés qui marchaient gravement surchargés d'une énorme perruque? non pas, s'il vous plaît?... Il faut égayer la matière.... je me suis fait le défenseur des veuves, et surtout des jolies veuves.

Air : *Je vois partout dans mes voyages.*

Quand d'une belle, à l'audience,
Je soutiens le droit contesté ,
Je brille par mon éloquence :
Je plaide alors pour la beauté.
Et si mes efforts sont prospères,
Je vais lui demander tout bas
De m'accorder des honoraires
Dont le Tarif ne parle pas.

Mais quel est le motif qui t'attire en notre ville ?

ALFRED.

Le motif le plus naturel : mon père est nommé commissaire de marine à Dunkerque.

FRANVAL.

Vrai? j'en suis enchanté.

ALFRED.

Ses affaires le retiendront encore une semaine. Je l'ai devancé. Je viens sonder le terrain et préparer sa demeure. Je suis en quelque sorte son maréchal-des-logis.

FRANVAL.

Ainsi nous ne nous quitterons plus.... nous irons ensemble à la chasse, et je te mets en réquisition pour le jeu de billard, une fois par semaine au moins. Ce jeu me rend fou, ou plutôt philosophe: c'est alors que je moralise, et j'aperçois dans le jeu de billard toute la nature humaine.

AIR : *Un homme pour faire un tableau.*

Je vois de grands coups de billard
Partout sur la terrestre boule :
D'abord la queue est le hasard,
Et l'homme est la bille qui roule.
Hélas ! après bien du chemin,
On se blouse au bout du voyage ;
Oui, pour moi, le monde est enfin
Un éternel carambolage.

Je te ferai connaître les beautés et les agrémens de la ville. Ah ! tu verras. Nous avons de petits bals et de grands concerts ; des soirées où l'on perd toujours, disent les joueurs ; une bibliothèque de bouquins ; des fortifications formidables sur le papier ; un port agréablement comblé ; une salle de spectacle reconnue pour une antiquité, et bien d'autres merveilles....

ALFRED.

Le tableau est séduisant.

FRANVAL.

Ah ! j'oubliais..... tu admireras la statue d'un illustre marin, érigée sur la place qui porte son nom.

AIR : *Vaudeville de Turenne,* ou : *De la Colonne.*

Comme César . d'être grand sur la terre
Il ressentait la noble ambition ;
Et son regard, tourné vers l'Angleterre,
Défie encor les héros d'Albion.

De l'égaler, nul n'aura l'espérance,
Oui, de Jean-Bart le nom brille à jamais
Et dans les fastes de la France
Et dans les revers des anglais.

Et puis nous viendrons souvent dans ce Tivoli dunkerquois, où le gros peuple s'amuse sans façons, où le beau monde s'ennuie mais avec décence.... et c'est là que je t'attends: tu verras nos jeunes personnes qui presque toutes sont charmantes.

Air : *De l'Angélus.*

Tu ne saurais te figurer
L'élégance de leur tournure ;
Tu devras surtout admirer
La richesse de leur parure.
Mais hélas ! je ne dirai pas
Que tout en elles nous enchante :
Souvent il manque à leurs appas
Quelques bons mille francs de rente.

ALFRED.

Ah ! mon cher Franval, mon cœur est à l'abri de toute séduction.

FRANVAL.

Tu es devenu amoureux, je gage.... et de qui ?

ALFRED.

D'une demoiselle de cette ville, et voici comment. Lorsque j'étais à Paris, je rencontrai dans le monde mademoiselle Eugénie Dormenil, que sa mère venait de retirer de pension. Je fus sensible à ses grâces, à ses talens. Je lui présentai mon hommage, et j'eus lieu de remarquer qu'il ne lui était pas désagréable.

FRANVAL.

Voilà qui marche bien.

ALFRED.

Oui, mais écoute. J'ai appris dernièrement de mon père que son ancien ami, monsieur Dormeuil, mort depuis un an, lui avait promis Eugénie. Mon père ignore mon amour et ne veut plus rester veuf. L'affaire s'est arrangée par correspondance avec la mère, et dans quelques jours il viendra prendre possession d'une place honorable et d'une femme charmante, tandis que moi......

FRANVAL.

Eh bien, mon cher, il faut lui souffler sa femme et sa place.

ALFRED.

Que veux-tu dire?

FRANVAL.

Ton père est-il connu de madame Dormeuil et de sa fille?

ALFRED.

Nullement.

FRANVAL.

Cela va le mieux du monde.... Ces dames sont ici. Fais-toi passer près d'elles pour le commissaire de marine qu'on attend.... Tu as l'air raisonnable; le rôle t'ira bien. Moi, je serai là pour appuyer cet innocent stratagème, et puisque nous avons huit jours à nous, tu auras le temps de gagner le cœur de la fille et les bonnes grâces de la mère.

ALFRED.

Je n'oserai jamais.... Réfléchis donc....

FRANVAL.

Allons! des scrupules maintenant...; de la timidité, c'est presque un vice par le temps qui court. Laisse-moi faire et seconde-moi seulement.... Monsieur Moronval, ton père, est dans un âge où l'on est plus ambitieux qu'amoureux. Eh bien, à son arrivée, tu lui rendras la place, et tu garderas la belle. C'est tout simple.... Cela dit, entrons en campagne. D'abord il te faut la décoration. C'est le moyen de faire bien du chemin en peu de temps. Il ferait beau voir un commissaire de marine sans décoration, aujourd'hui que tout le monde en porte !

ALFRED.

Tu te moques de moi.

FRANVAL.

Du tout, du tout.... cela peut sauver les explications.... Voyons. Je n'ai pas de ruban rouge en poche.... Je ne sais comment ?.... et pas un misérable coquelicot dans ce jardin !... ah !... ton foulard !... Donne-moi ton foulard rouge. (*Il prend le foulard dans la poche d'Alfred, en déchire une petite bande, et arrange un ruban, tandis qu'Alfred dit :*)

ALFRED.

Quelle idée folle !... mais je ne veux point usurper un honneur que je n'ai pas mérité.

AIR : *Le magistrat irréprochable.*

La croix d'honneur, je la révère
Sur la poitrine du soldat.
Et je l'aime à la boutonnière
Du citoyen qui sert l'état.
Mais ce signe qu'on sollicite,
Quand il décore un charlatan,
N'est plus la marque du mérite,
Et ce n'est qu'un sou de ruban.

FRANVAL.

Tu fais l'enfant. Il ne s'agit pas ici de la poitrine du soldat, ni d'usurper la gloire de personne. Il importe d'obtenir le cœur de ta maîtresse et de passer pour le mari attendu.... Ce n'est d'ailleurs que pour un moment, et à une première entrevue il faut toujours tâcher de donner de soi l'idée la plus avantageuse. (*Il met le ruban à la boutonnière en chantant le couplet.*)

AIR : *Tous les jours il me répondait.*

Va, ne crains rien , puisqu'en ce jour
C'est l'amitié qui te décore ;
Tu gagneras ainsi l'amour
De celle que ton cœur adore.
De ton succès sois assuré ,
Et bannis enfin tes alarmes ,
Car à tout homme décoré
La beauté rend toujours les armes.

Oh ! l'heureuse rencontre !... Voici un original que je connais particulièrement.... Nous allons faire l'essai de notre ruse.

SCÈNE III.

ALFRED, FRANVAL, BABOULARD.

FRANVAL.

Bonjour à monsieur Baboulard. Comment se porte monsieur Baboulard ?

BABOULARD.

Trop honnête....

FRANVAL.

Eh bien, monsieur Baboulard , quelles nouvelles ?

BABOULARD, *bas.*

Quel est ce monsieur décoré ?

FRANVAL, *bas.*

Comment! vous ne devinez pas?

BABOULARD.

Non.

FRANVAL, *avec mystère.*

Le commissaire de marine.

BABOULARD, *bas.*

Vous badinez ?

FRANVAL, *haut.*

Je ne reconnais plus là votre perspicacité ordinaire, monsieur Baboulard.

BABOULARD, *bas.*

Laissez donc.... Je vois bien à présent....(*abordant Alfred.*) Monsieur le commissaire, veuillez agréer les hommages de votre petit serviteur. Je désire sincèrement faire votre connaissance.... maritime.

ALFRED.

Très-flatté, en vérité....

BABOULARD.

Dans les fonctions que vous allez remplir, je serais heureux de pouvoir vous procurer, sur notre ville, des renseignemens qui vous seront indispensables.

ALFRED.

Quel est votre état, monsieur Ba...ba...bou... Baboulard ?

BABOULARD

Je suis... propriétaire-gastronome.

ALFRED.

C'est un état qui ne laisse pas d'avoir ses agrémens.

BABOULARD.

Il est vrai.... Je suis au courant de tout ce qui entre dans notre port.

ALFRED.

Ah ! les navires qui arrivent?

BABOULARD.

Non pas, les poissons.... c'est une branche importante de la marine.... Vous avez sans doute entendu parler du poisson diplomate, qui a fait autant de bruit dans le monde que le fameux turbot de Domitien? Eh bien, le poisson diplomate se trouve dans nos grandes écluses de chasse.

Air *du vaudeville de Sophie,* ou *la Malade.*

Ce bassin, qu'on dit inutile,
Nous donne des poissons exquis;
Ils sont pêchés en notre ville,
Mais ils sont mangés à Paris.
Leur origine est un mystère
Qui fait naître bien des propos.
Je crois qu'ils viennent d'Angleterre,
Car ils nagent entre deux eaux.

Au surplus, je possède à fond tout ce qui tient à la gastronomie élémentaire et transcendante; et j'espère que monsieur le commissaire voudra bien en juger un jour, en venant honorer ma table de sa présence.

ALFRED.

Ah! monsieur Baboulard !

BABOULARD.

Si je pouvais dès à présent faire accepter un petit
ambigu à monsieur le commissaire ?

ALFRED.

Je vous remercie bien....

BABOULARD.

Pourquoi pas ?... Ce sera fait dans un moment.
(*bas à Franval.*) Plaidez pour moi, monsieur l'avocat.

FRANVAL.

En effet, pourquoi n'accepterions-nous pas l'offre
charmante de monsieur Baboulard ? Nous le devons
dans l'intérêt de la science. Monsieur Baboulard est
l'oracle de la gastronomie et le législateur du goût.

ALFRED.

S'il en est ainsi, j'accepte.

BABOULARD.

Ah ! quel honneur pour moi !... je vais de suite
donner mes ordres au cuisinier en chef.

Air : *Adieu, je vous fuis, bois charmant.*

> Ce que j'offre ici sans façon,
> Ce n'est qu'un repas assez mince ;
> Mais vous aurez chair et poisson,
> Apprêtés comme pour un prince.
> Bref, ce festin, s'il est petit,
> Ne laissera pas de vous plaire ;
> Soyez-en sûr, votre appétit
> Fera chère de commissaire.

Ayez seulement la bonté de ne pas vous impatienter.

(Il sort en se frottant les mains.)

SCÈNE IV.

ALFRED, FRANVAL.

ALFRED.

Cet homme offre un repas avec tout l'empressement que bien d'autres mettent à en accepter.

FRANVAL.

C'est un singulier personnage. Toujours à la piste
des gens en place pour les attirer chez lui, il a
imaginé ce moyen pour se donner de la considération
dans le monde, et pour qu'on dise partout: monsieur
un tel, commandant, a dîné chez monsieur Baboulard.... monsieur un tel, sous-préfet, a accepté un
souper chez monsieur Baboulard.... Il veut que sa
fortune lui tienne lieu de mérite; c'est assez la pré-
tention de tous les gens riches. Mais personne ne se
soucie guère d'aller chez lui, et l'honneur qu'il attend
s'en va en fumée. Il ne sera pas le seul, du reste,
qui t'offrira sa table. Un homme en place est un petit
roi dans une petite ville.

> Air : *Prenons d'abord l'air bien méchant.*
> En l'abordant on se confond
> En beaux saluts jusques à terre.
> Il passe pour homme profond,
> Surtout s'il a l'art de se taire.
> On le fait prospérer au jeu,
> On lui sert du vin délectable ;
> Il a toujours le coin du feu
> Et la première place à table.

Mais voici heureusement madame Dormeuil et sa fille.

ALFRED , *avec inquiétude.*

Je renonce au stratagème.... crois-moi....

FRANVAL.

Tais-toi donc !

SCÈNE V.

ALFRED, FRANVAL, Mme DORMEUIL, EUGÉNIE.

FRANVAL.

Mesdames, nous aspirions au bonheur de vous rencontrer. J'ai l'honneur de vous présenter monsieur Moronval, votre gendre futur.

EUGÉNIE, *à part.*

C'est lui!.... par quel hasard?....

Mme DORMEUIL.

Ah! c'est monsieur Moronval que j'ai le plaisir de voir?

ALFRED, *se rassurant un peu.*

Oui, madame, et permettez-moi dès ce moment d'ambitionner votre estime.

Mme DORMEUIL.

L'emploi que vous avez obtenu prouve assez que vous la méritez.... je sais que vous êtes nommé commissaire de marine en ce port.... Mais, d'après votre dernière lettre, je ne comptais vous voir que dans quelques jours.

FRANVAL.

C'est moi qui l'ai pressé de venir.

ALFRED, *bas.*

Que dis-tu donc là?

FRANVAL, *bas.*

Chut. *(Haut.)* Je lui ai fait dans ma lettre une peinture si vraie des qualités de votre âme et des agrémens qu'on trouve dans votre société, qu'il n'a

pu résister plus long-temps, madame, au désir de
vous connaître.

Mme DORMEUIL.

Cet empressement est fort aimable....

ALFRED.

Madame !....

FRANVAL, *bas à Alfred.*

Va mettre Eugénie dans la confidence; je m'em-
pare de madame Dormeuil. (*A Mme Dormeuil.*) Ah !
madame, vous ne savez pas combien je connais Moronval ; nous sommes d'anciens camarades.... Entre nous,
c'est un homme charmant.

Mme DORMEUIL.

On voit bien que vous êtes son ami.... Du reste,
monsieur Dormeuil m'en parlait toujours avantageu-
sément.

FRANVAL.

C'est le caractère le plus heureux, le plus doux....
je suis garant qu'il fera le bonheur de sa femme.

ALFRED, *à Eugénie.*

Maintenant que vous êtes instruite, mademoiselle,
puis-je espérer que vous serez sensible à mon amour ?

EUGÉNIE, *à Alfred.*

Mais quand la ruse sera découverte, que pensera
ma mère ? C'est ce que je crains.

ALFRED.

N'appréhendez rien, ma chère Eugénie.... Je puis
compter sur votre secours, n'est-ce pas? (*Il lui baise
la main.*)

3

Mme DORMEUIL , *à Franval.*

Il me semble que mon gendre futur embrasse la main de ma fille.... Ils font bien vite connaissance.

FRANVAL.

Je vous dis que c'est un homme charmant.... les femmes ne peuvent résister à la séduction de ses manières et de son esprit.... A Paris, il faisait des madrigaux avec des phrases du Code civil, ma parole; car nous avons fait notre droit ensemble.... Dis donc, Moronval.... Tenez, il ne m'entend pas.... Hé hé, monsieur le commissaire....

ALFRED.

Eh bien, que veux-tu?

FRANVAL.

Tu te rappelles le temps où nous avons fait ensemble notre droit?... Madame, c'est un homme ferré sur le Code, ouvrage solide et qui dit beaucoup de choses en peu de mots. On parle néanmoins de le mettre en style romantique.... on l'a bien mis en vers.... au surplus

AIR *du Vaudeville du Premier Pas.*

Le digeste de ce royaume
Est, suivant un ancien dicton,
Le refuge de l'honnête homme,
L'éternel effroi du fripon.
Plus d'un article est incommode
Au débiteur qui craint le jour ;
Mais le beau chapitre du Code,
C'est le chapitre sur l'amour.

ALFRED.

Où vas-tu nicher l'amour?

FRANVAL.

Mon ami, l'amour se fourre partout. Rappelle-toi le titre sept du livre premier.... Il y a là dedans tous les effets de l'amour, ou je ne m'y connais pas.... J'en fais juge mademoiselle.

EUGÉNIE.

Moi! monsieur.... je ne lis pas le Code.

ALFRED, *bas.*

Tais-toi, tu extravagues.

FRANVAL, *bas.*

Ma foi, c'est vrai.... *(Haut.)* Mais pourquoi restons-nous ici, mesdames?... Je suis sûr que de tous côtés on se plaint de votre absence.... partons, le plaisir nous appelle.

Am : *Walse de Robin des Bois.*

FRANVAL.

Rions, c'est ma philosophie ;
C'est bien la meilleure ici-bas.
Et tout en riant je m'écrie :
Autant de pris sur le trépas.

Mme DORMEUIL.

A mon âge l'esprit frivole
Par l'esprit sage est remplacé.
A vingt ans j'étais une folle ;
Mais hélas ! ce temps est passé.

ENSEMBLE.

Mᵐᵉ DORMEUIL, *à part.*

Sans répugnance, je l'espère,
Ma fille accordera sa main ;
Ce commencement est prospère,
Et l'affaire est en bon chemin.

ALFRED, *à part.*

Je reprends courage, et j'espère
D'Eugénie obtenir la main.
Trop tard arrivera mon père,
Et la ruse est en bon chemin.

EUGÉNIE, *à part.*

Hélas ! bien à tort il espère
De pouvoir obtenir ma main :
Pour venir tout rompre, son père
Est déjà peut-être en chemin.

FRANVAL, *à part.*

Quand un amant se désespère,
Je cherche à lui prêter la main.
Maintenant si ce fâcheux père
Pouvait s'égarer en chemin....

ALFRED, *à* Mᵐᵉ *Dormeuil.*

En entrant dans votre famille,
Je vois deux bonheurs réunis :
Être l'époux de votre fille,
Et de sa mère être le fils.

FRANVAL.

Rions, c'est ma philosophie ; &ᵃ.

(*Ils sortent tous.*)

SCÈNE VI.

ROCHAIN.

Parbleu ! respirons un peu dans cet endroit écarté....
J'étais loin de penser hier que j'allais être aujourd'hui

l'objet de tant de félicitations.... monsieur le commissaire par-ci ... ah! monsieur! *(Il salue.)*... monsieur
le commissaire par-là.... ah! madame! *(Il salue.)*
jusqu'aux demoiselles qui me lancent des œillades
agaçantes!... C'est décidé, me voilà un personnage
important.... Ce que c'est pourtant que le hasard!
J'arrive ce matin à l'Hôtel de Flandres. Un domestique
me dit: Puis-je savoir à qui...? Moi, dis-je, je suis
commissaire, et voilà cet imbécille qui se confond en
salutations, et court crier dans l'hôtel que le commissaire est arrivé.... Bientôt toute la rue le sait; bientôt toute la ville en est informée, et aussitôt entré dans
ce jardin j'entends dire derrière moi: Le voici, le
voici.... Je n'ai pas manqué de m'informer avec
adresse ce que cela signifiait, et j'ai appris qu'on attendait à Dunkerque un commissaire de marine....
Alors je me suis dit: C'est sûr, je suis pris pour le
commissaire de marine.... Moi qui suis Boniface
Rochain, commissaire-priseur!... Convaincu de cette
méprise, j'ai été endosser mon habit neuf, et je me
suis prêté à la circonstance.... C'est assez agréable
d'être entouré de considération, hé, hé.... Mais en
acceptant cette nouvelle place, j'entends n'en prendre
que les agrémens et non les charges.

Air *Du Verre.*

Faut-il rédiger un écrit,
Je ne suis pas le commissaire.
Faut-il courir toute la nuit,
Je ne suis pas le commissaire.
Mais dois-je faire un bon repas,
Ah! oui, je suis le commissaire;
Ou plaire à de jeunes appas,
Je suis encor le commissaire.

En parlant de repas, je passe pour un écornifleur....

Pourquoi ? parce que j'accroche de temps à autre un petit diner à droite ou à gauche ?... Le grand mal ! Je paie bien mon écot par mes frais de conversation.... D'ailleurs

Air : *J'ons un Curé patriote.*

Sans d'aimables parasites
Qu'un repas est ennuyeux !
Ces modernes sibarites
Y font cent contes joyeux ;
Et tant que leur ventre est creux,
Vous êtes loué par eux.
Ah ! sans eux,
Oui, sans eux,
Et sans leurs contes joyeux,
Ah ! qu'un repas est ennuyeux !

Mais enfin l'homme en place qu'on attend est-il arrivé ? probablement que non.... mais quand arrive-t-il ? je n'en sais rien.... Et si l'on allait me faire des questions sur des objets de marine, moi qui ne sais faire que des inventaires, des ventes mortuaires.... Ma foi, advienne que pourra.... j'en serai quitte en abdiquant.... Donnons-nous cependant un air de dignité, une démarche noble....

SCÈNE VII.

ROCHAIN, BABOULARD.

BABOULARD, *un peu haut.*

Monsieur le commissaire !...

ROCHAIN.

Qui m'appelle ?

BABOULARD.

Excusez, monsieur ; je cherche le commissaire de....

ROCHAIN.

C'est moi.... que désirez-vous?

BABOULARD, *à part.*

Qu'entends-je? *(Haut.)* Le commissaire de marine n'est-il pas un jeune homme?

ROCHAIN.

Un jeune homme!... Donne-t-on une pareille place à un jeune homme?

BABOULARD, *à part.*

Au fait, il n'y a que des hommes comme nous.... Diantre! me serais-je trompé?... moi! dont le coup-d'œil est si sûr ordinairement!.... C'est un tour de l'avocat.... Oui, je me rappelle qu'il souriait.... et ce monsieur parle avec une assurance.... Au surplus, je ne risque rien de lui faire aussi ma cour.... *(Haut.)* Monsieur, puisque vous êtes nommé commissaire de marine à Dunkerque, veuillez agréer mes félicitations, et être persuadé du plaisir que j'aurais à vous recevoir chez moi. Je suis Eustache Baboulard, rentier-consommateur.

ROCHAIN.

Certainement, monsieur Baboulard.... je serais également flatté de vous recevoir chez moi, et de vous voir à ma table.

BABOULARD.

Ah! monsieur.... *(A part.)* C'est sûr, voilà le commissaire, et je ne puis me dispenser de lui offrir moi-même.... *(Haut.)* Ayant appris l'arrivée de monsieur le commissaire, j'ai commandé un petit ambigu.... si vous vouliez me faire l'honneur de l'accepter?...

ROCHAIN, *à part.*

Déjà!... bon ! cela commence bien. *(Haut.)* Cette offre me fait trop de plaisir pour que je puisse m'y refuser.

BABOULARD.

Vous acceptez !... Je suis au comble de la joie.... je ne vous dirai pas que les mets qui vous seront servis sont d'un goût nouveau. Le siècle est en arrière pour cette branche d'industrie.

Air : *Vaudeville de Jadis et Aujourd'hui.*

Dans tous les arts on imagine
Cent procédés avec succès ;
Mais depuis trente ans en cuisine
Je n'aperçois aucun progrès.
C'est bien fâcheux, mais on espère
Que nos savans pourront bientôt
Appliquer à l'art culinaire
La méthode Jacotot.

(A part.) N'allons pas lui dire que j'ai été dupe.... maudit avocat !... *(Haut.)* J'ai encore à vous féliciter, monsieur....

ROCHAIN.

De quoi donc?

BABOULARD

Du beau mariage que vous allez contracter.

ROCHAIN, *à part.*

Que veut-il dire ?

BABOULARD.

Votre future, mademoiselle Eugénie Dormeuil, est jeune, jolie et riche.

ROCHAIN, *à part.*

Oh ! oh ! tâchons d'être informé.... *(Haut.)* Pensez-vous que monsieur Dormeuil sera honoré de m'avoir pour gendre ?

BABOULARD.

Monsieur Dormeuil ?... Il est mort.

ROCHAIN.

Ah ! quelle distraction ! je veux dire....

BABOULARD.

Madame Dormeuil, sans doute ?... Oh! elle vous attendait avec impatience, pour connaître l'époux que son mari destinait à sa fille.

ROCHAIN, *à part.*

C'est un mariage par correspondance; j'entends.... Profitons de ces renseignemens; il y a peut-être de bons dîners chez Mme Dormeuil.

BABOULARD.

Puisque vous daignez accepter une collation, vous me permettrez d'aller donner mes ordres en conséquence au restaurant.... Je reviendrai dans un instant. (*A part.*) Allons avertir, en passant, Mme Dormeuil qu'elle est dupe d'un intrigant dont Franval est le complice.

SCÈNE VIII.

ROCHAIN.

Eh bien! me voilà lancé.... Quel dommage pourtant que je sois marié !... J'aurais pu plaire peut-être à la petite.... mais madame Rochain me possède.... je suis sa propriété incommutable et indivisible, et elle est la même, hélas !

Air : *J'étais bon chasseur autrefois.*

On vend des femmes au sultan ;
Ce trafic, à tort on le blâme.
Je mets tant d'objets à l'encan ;
Que ne puis-je y mettre ma femme ?
Elle est laide, vieille et, de plus,
Bavarde, méchante et colère :
Je connais toutes ses vertus,
Car j'en ai fait un inventaire.

SCÈNE IX.

ROCHAIN, BABOULARD, Mme DORMEUIL, EUGÉNIE.

BABOULARD , *amenant Mme Dormeuil sur la scène.*

Tout comme je vous le dis.... c'est là le véritable homme en place ; vous pouvez m'en croire. Je vous laisse avec lui. (*Haut.*) Monsieur le commissaire, voici madame Dormeuil.... (*A part.*) Maintenant si je pouvais rencontrer l'avocat et son digne ami !... quel plaisir j'aurais à prendre ma revanche !...(*Il sort.*)

SCÈNE X.

ROCHAIN, Mme DORMEUIL, EUGÉNIE.

EUGÉNIE , *à part.*

Ciel ! c'est sans doute le père d'Alfred.

ROCHAIN , *à part.*

Allons, Rochain, de l'audace. (*Haut.*) Je me trouve heureux de vous rencontrer, madame, et de savoir que je parle à la mère de ma future.... dont les grâces ont déjà charmé mes yeux éblouis.... dont je serais trop fortuné de gagner l'amitié.... dont....

EUGÉNIE.

Monsieur, le choix de mon père vous donne des droits à mon estime.

ROCHAIN.

Ah! c'est juste, le père.... c'était un brave homme.

Mme DORMEUIL, *à part.*

Je ne reviens pas de mon étonnement.... *(Haut.)* Quoi! c'est vous qui êtes monsieur Moronval, et qui m'avez dit tant de choses flatteuses dans les lettres que....?

ROCHAIN.

Précisément.... dans mes lettres.... *(A part.)* Il paraît que je me nomme Moronval.... *(Haut.)* Mais, madame, vous êtes au-dessus de tout éloge, et.... je cherchais déjà à vous plaire, ainsi qu'à mademoiselle. *(A part.)* Un compliment là-dessus:

Air *De la Somnambule.*

En ce jour je me désespère
De ne pouvoir offrir deux cœurs;
En voyant la fille et la mère,
Je crois voir deux charmantes sœurs.
Entre vous mon amour balance,
Et je voudrais, pour être heureux,
Pouvoir, en cette circonstance,
Vous épouser toutes les deux.

(A part.) J'espère que cela est neuf et galant. Je ne me croyais pas tant d'esprit.

Mme DORMEUIL.

Monsieur, je vais vous parler avec une entière franchise. Je doute que vous soyez le commissaire de marine....

ROCHAIN.

Comment!... Voilà un doute assez injurieux, permettez-moi de le dire.... ah! madame....

Mme DORMEUIL.

Ne me condamnez pas sans m'entendre, et jugez de mon embarras. Une autre personne ici passe pour le commissaire....

ROCHAIN, *à part.*

Diable! ça va mal.... (*Haut.*) Et vous pouvez supposer....

Mme DORMEUIL.

Je désire éclaircir la chose, voilà tout, et je ne dois pas soupçonner plutôt l'un que l'autre. Mettez-vous dans ma position....

ROCHAIN.

Ma position près de vous, madame, est aussi très-difficile à tenir.... car l'honneur, la délicatesse.... enfin.... Mais je voudrais bien connaître l'impudent qui me rend un si mauvais service.... j'irais le remercier de la bonne manière....

Mme DORMEUIL.

C'est un jeune homme qui m'a été présenté par monsieur Franval, qui ne le quitte pas.... et qui va me rejoindre sans doute dans un instant.

ROCHAIN.

Voyez donc à quoi l'on est exposé ?

AIR *De la cinquième Edition.*

Certe, ici je dois m'indigner
Qu'on ait une pareille audace.
Eh! qui pourrait se résigner

A se voir dérober sa place ?
Mais quoi ! souvent impunément ,
On vole un nom dont on profite ;
C'est incroyable ! heureusement,
L'on ne peut voler le mérite.

Je cours démasquer le fourbe qui ose aller sur mes brisées.... C'est une indignité.... je suis outré.... (*A part.*) Allons voir si, en effet, le commissaire de marine est arrivé. *(Haut.)* Sans adieu, mesdames.

SCÈNE XI.

Mme DORMEUIL, EUGÉNIE.

Mme DORMEUIL.

Il m'arrive aujourd'hui des choses bien singulières.... Je regrette de ne lui avoir pas fait des questions qui m'eussent ôté toute incertitude ; mais j'étais si surprise !... Conçois-tu mon anxiété, Eugénie ? Deux commissaires de marine qui me tombent sur les bras.... Lequel crois-tu le véritable ?

EUGÉNIE, *sans réflexion.*

Oh ! ce n'est pas celui-ci : il a trop mauvais ton.

Mme DORMEUIL.

Il est vrai, et le jeune homme m'avait déjà prévenu en sa faveur.... Tu penses donc que c'est celui-ci qui nous trompe ?

EUGÉNIE, *avec embarras.*

Je n'ose accuser personne.... Après tout, ce n'est qu'une ruse bien excusable.

Mme DORMEUIL.

N'as-tu pas remarqué que le premier est un peu jeune pour un homme en place ?

EUGÉNIE.

Le mérite tient lieu de l'âge.

Mme DORMEUIL.

Et cet air de timidité qui semble aussi de l'embarras?...

EUGÉNIE.

C'est de la modestie, et la modestie sied à l'homme élevé à quelque distinction. Je ne puis souffrir ces merveilleux infatués de leur petit mérite.

AIR *Du vaudeville d'Une Heure de Folie.*

Je n'aime point un freluquet
Amoureux fou de sa figure,
Portant moustache et faux toupet,
Et discourant à l'aventure.
Un époux aura mon amour,
S'il a des qualités, ma mère,
Que chez les maris de ce jour
On ne trouve pas, d'ordinaire.

Mme DORMEUIL.

Je le vois, tu penches pour le jeune homme.... Mais si le dernier est celui à qui ton père t'a promise, il peut avoir les qualités d'un bon mari.... Il faut se garantir de toute prévention, et c'est au caractère de la femme que tient le plus souvent le bonheur conjugal.

AIR *Du vaudeville des Maris ont Tort.*

Je te l'ai dit, le mariage
Est un lien fort épineux;
Et c'est la paix dans le ménage
Qui seule peut le rendre heureux.
Mais qu'aisément la paix s'altère!
Un rien la fait évanouir;
C'est la sensitive légère
Que le seul toucher peut flétrir.

Mais voici ces messieurs. Ils n'esquiveront pas une explication.

EUGÉNIE, à part.

Je tremble.

SCÈNE XII.

Mᵐᵉ DORMEUIL, EUGÉNIE, ALFRED, FRANVAL.

FRANVAL, au fond de la scène.

Ce nigaud de Baboulard! il a l'air de me railler....

ALFRED.

Et moi de même.... Il se doute de quelque chose.

FRANVAL.

Oh! non.

ALFRED, s'avançant vers Mᵐᵉ Dormeuil.

Je me suis privé un moment de votre présence, madame, pour complaire à Franval, qui m'a présenté à quelques amis avec lesquels il désire que je lie connaissance.

Mᵐᵉ DORMEUIL.

Je suis charmée de vous revoir, messieurs, pour vous demander votre sentiment dans une affaire assez délicate. Voici le fait. Une de mes amies attendait un parent éloigné qu'elle ne connaissait pas et qui lui avait fixé l'époque de son arrivée. Au jour marqué, il descend chez elle; mais à peine l'a-t-il quittée, qu'un second parent de même nom se présente chez la dame. Que pensez-vous de cette aventure? n'est-ce pas une fourberie?

FRANVAL, à part.

Je vois où elle en veut venir.... la mèche est éventée.

ALFRED, *bas à Franval.*

J'en suis certain ; mon père est ici.... mais je m'é-
tonne qu'il m'ait suivi de si près.

Mme DORMEUIL.

Se voir dupée de la sorte, et sans savoir quel est
l'intrigant !

FRANVAL, *bas à Alfred.*

Bon ! tout n'est pas perdu.

Mme DORMEUIL.

Eh bien, monsieur Moronval (*elle appuie sur le
mot*), avez-vous assez délibéré ?

EUGÉNIE, *à part.*

Que va-t-il dire ?

ALFRED, *embarrassé.*

Sans doute, madame, la chose est.... oui, je la
trouve.... surprenante.

Mme DORMEUIL, *à part.*

Il se trouble ; plus de doute. *(Haut.)* Et vous, monsieur Franval, votre avis est....

FRANVAL, *en badinant.*

L'incident est impayable, d'honneur.... Deux parens
à la fois, mais c'est charmant.... duplicité de personnages, comme à la comédie.... les deux Mé-
nechmes....

Mme DORMEUIL.

Monsieur, la plaisanterie n'est pas de saison, et
votre conduite a lieu de me surprendre. Eh quoi ! vous
me présentez votre ami sous le nom et la qualité de
monsieur Moronval, et me forcez ainsi à méconnaître
un homme respectable....

FRANVAL.

Madame, épargnez-moi.... je suis.... on vous trompe. (*Bas à Alfred.*) Allons donc, tâche de faire une réponse qui ait le sens commun.

ALFRED.

Tout cela me semble si étrange que je ne sais que répondre à votre accusation. Mais je l'atteste, Moronval est mon nom.

FRANVAL.

Oui, nous pouvons le jurer.

Mme DORMEUIL.

Permettez-moi d'en douter.... (*A part.*) Courons réparer l'affront que j'ai fait à monsieur Moronval. Viens, Eugénie.

EUGÉNIE, *à part.*

Que dire?... que faire?... je suis au supplice.

SCÈNE XIII.

ALFRED, FRANVAL.

FRANVAL.

Eh bien, mon cher, nous voilà mis hors de cause.

ALFRED.

Laisse-moi en repos.... C'est toi qui m'as engagé dans cette étourderie.

FRANVAL.

Quoi ! n'es-tu pas venu me prendre pour avocat consultant?

ALFRED.

Et ce chiffon ! (*Il arrache le morceau de foulard de sa boutonnière.*)

FRANVAL, *riant.*

Ha, ha, ha, changement de décoration....

ALFRED.

Laisse-moi tranquille, te dis-je, et fais-moi grâce de tes plaisanteries.... Je voudrais ne t'avoir jamais connu.

FRANVAL.

Voilà bien les amis du jour: ils ont recours à vos conseils ; ils les demandent avec instance, et quand le résultat en est fâcheux, ils vous accablent de reproches. Le succès seul est un garant de leur reconnaissance.

ALFRED, *avec une vivacité croissante.*

Ah! mon cher Franval, la douleur m'égare, me trouble.... Encore si madame Dormeuil me connaissait mieux!... J'ai la présomption de croire que quelques jours m'eussent suffi pour me mettre bien dans son esprit.... et j'aurais moi-même découvert la ruse: cette confiance m'eût assuré sa bienveillance. Mais je suis surpris dans mon stratagème, et je passe sans doute pour n'avoir ni honneur, ni délicatesse, pour un écervelé. .. J'ai tout perdu: l'estime de madame Dormeuil, la confiance de mon père, et peut-être même l'affection d'Eugénie. Il me reste à fuir ces lieux pour toujours.

FRANVAL, *éclatant.*

Ha, ha, ha, ha.... allons nous noyer.... Hé! mon ami, tu trouveras facilement dans le monde des demoiselles dix fois plus riches qu'Eugénie.

ALFRED.

Oui, pour devenir le premier valet de ma femme....

Si tu crois que je suis amoureux de l'opulence, tu es
grandement dans l'erreur.

AIR : *C'est une fleur à peine éclose.*

J'aime l'existence commune,
Moins éclatante, elle a plus de douceur.
Malgré son rang et sa fortune,
Plus d'un Crésus est pauvre de bonheur.
Par le grand luxe qu'on affiche
On peut se rendre infortuné,
Et c'est par une femme riche
Que l'on est souvent ruiné.

FRANVAL.

Ecoute ; tu sais que je suis toujours là.... Nous ne
pouvons pas faire accroire à ton père qu'il n'est pas
le commissaire en question ; mais c'est un père, et
tout peut encore s'arranger.

SCÈNE XIV.

ALFRED, FRANVAL, ROCHAIN.

(Rochain traverse fièrement le théâtre.)

FRANVAL, *à Alfred.*

Regarde donc cet individu qui se rengorge et fait
l'homme d'importance.

ALFRED.

Le connais-tu ?

FRANVAL.

Nullement.... Pour m'en amuser, j'ai envie de lui
adresser un coup de chapeau. *(Il salue.)*

ROCHAIN, *à part en avançant.*

Voilà quelqu'un qui est bien poli.... Il veut peut-

être m'inviter à dîner.... (*Haut.*) Très-honoré, messieurs.... (*A part.*) Je suis tranquille, le commissaire
n'est pas arrivé.

FRANVAL.

Puis-je, sans indiscrétion, vous demander s'il y a
long-temps que la ville a le bonheur de vous posséder?

ROCHAIN.

D'aujourd'hui seulement.... mon nouveau grade
dans la marine m'obligeait....

FRANVAL.

Dans la marine!

ALFRED, *à part.*

Qu'entends-je?

ROCHAIN.

Et je suis venu *A ma Campagne* me délasser des fa-
tigues de la route.... D'ailleurs.... (*d'un air malin*) je
voulais voir madame Dormeuil, et vous savez sans
doute ce que cela veut dire?... hé, hé.

ALFRED.

Serait-il possible!... quoi! c'est vous, monsieur...?
(*A part à Franval.*) Je me persuade que mon père
n'est pas arrivé et que cet homme se fait passer pour
lui.... Voilà un impudent personnage.

FRANVAL, *à Alfred.*

Chut! je vais tout découvrir.

ROCHAIN, *à part.*

Qu'ont-ils donc à chuchoter ensemble ?

FRANVAL, *très-poliment.*

Je vous félicite beaucoup, monsieur, du joli mariage
que vous complez faire.

ROCHAIN, *d'un air suffisant.*

Bien obligé.

FRANVAL, *encore poliment.*

On ne pouvait donner à mademoiselle Eugénie un homme de meilleure mine....

ROCHAIN.

Ah ! je vous en prie....

FRANVAL, *toujours de même.*

Un homme dont la réputation fût plus répandue.

ROCHAIN.

Oh ! je vous en conjure....

FRANVAL, *très-froidement.*

Il n'y a qu'une petite difficulté ; c'est que vous n'êtes point le commissaire de marine qu'on attendait.

ROCHAIN.

Monsieur !... (*A part.*) On dirait qu'il veut se moquer de moi.... (*Haut.*) Monsieur !... (*A part.*) Il faut répondre ici avec fermeté.

FRANVAL.

Je suis d'une profession qui consiste à embarrasser la partie adverse : c'est-à-dire que je suis avocat, et en cette qualité j'aurai l'honneur de vous embarrasser, si vous voulez bien me le permettre.

ROCHAIN, *à part.*

J'aime autant qu'il ne m'embarrasse pas.

FRANVAL.

Vous avez dû connaître monsieur Dormeuil, puis-

qu'il a choisi lui-même un mari à sa fille. Pourriez-vous
nous le dépeindre?

ROCHAIN.

Monsieur Dormeuil ? C'était un homme qui..., un
homme grand.

FRANVAL.

Vous voulez dire moyen ?

ROCHAIN.

Grand !... moyen !...

FRANVAL.

Quand je dis moyen, j'entends petit, très-petit même.

ROCHAIN.

Il y en avait de plus petits que lui; mais en effet il
était d'une assez petite taille.

FRANVAL.

Eh bien, point du tout, il était fort grand.

ROCHAIN, à part.

Peste soit de l'avocat !

FRANVAL.

Vous ne vous rendez pas?... En ce cas je passe
à un autre argument. Le commissaire de marine se
nomme Moronval, et voici monsieur Moronval.

ROCHAIN, à Alfred.

Quoi ! monsieur, c'est vous qui êtes...?

ALFRED.

Si vous voulez bien y consentir....

FRANVAL, bas à Rochain.

Entre nous, c'est un homme qui connaît la tierce

et la quarte, et qui vous expédierais sans vous laisser le temps de faire votre testament.

ROCHAIN, *à Franval.*

Cela ne me fait pas peur, et je me battrais au besoin, si mon médecin ne m'avait pas déconseillé cet exercice. (*à part.*) Je pense qu'il est temps d'abdiquer ; mais faisons-le avec les honneurs de la guerre.... (*Haut.*) Messieurs, je soutiens que je suis commissaire ; mais vous ajoutez de marine, tandis que je suis, moi, Boniface Rochain, commissaire-priseur, pour vous servir, si j'en étais capable.

FRANVAL, ALFRED, *riant.*

Ha, ha, ha, ha.

ROCHAIN.

Ce n'est pas ma faute si, à ce mot de commissaire, tout le monde prend le change et me comble de politesses.... Ma foi, je n'ai pas fait le scrupuleux et je me suis laissé encenser.

ALFRED.

Comme le veau d'or.

ROCHAIN.

Je suis donc huissier-priseur, messieurs, et aussitôt que vous serez morts, je me ferais un plaisir de vendre tous vos meubles....

AIR *De la Walse des Comédiens.*

Depuis vingt ans je tiens vente publique :
Mon magasin est plein de mille objets.
Je vends toujours au-dessous de fabrique,
Et l'acheteur ne marchande jamais.

Dans ma maison, par la foule assiégée,
On ne voit pas ce qu'on veut acheter ;
On pousse, on crie, et la chose adjugée,
On sait alors ce qu'on vient d'emplêtér.

Souvent je place à gentille grisette
Vieux cotillon plus des trois quarts usé,
Et lit superbe à fringante coquette,
Que je revends quand son temps est passé.

Je vends très-cher plus d'une vieille croûte;
On n'y voit plus ni dessin, ni couleur;
Mais l'amateur dit alors : Plus de doute,
C'est un Rubens, ou bien un Le Sueur.

J'ai des psychés, et d'autres belles glaces,
Pour le beau sexe et pour nos élégans.
Je vends parfois le conseiller des grâces
A quelque objet de quatre-vingt-dix ans.

On voit chez moi de l'esprit à la rame,
En vers charmans sur la gloire et l'amour;
A quatre sous le demi-kilogramme,
Je peux donner les chefs-d'œuvre du jour.

Et puis je cours priser meubles et hardes
Dans le logis des riches et des gueux :
Les escabeaux des modestes mansardes,
Et les sophas des salons fastueux.

C'est moi qui dresse à Paris l'inventaire,
Sitôt qu'un grand change de logement;
Le mobilier de notre ministère,
Depuis quinze ans, m'occupe étrangement.

Bref, pour bien vendre, enfin l'état présente
Plus d'un secret, messieurs, vous le savez;
Accordez-moi mon petit droit de vente,
Et je vendrais tout ce que vous avez.

FRANVAL.

Bien obligé; ce n'est pas pressé.

ALFRED.

Monsieur Rochain, l'honneur vous commande de
venir avec moi désabuser madame Dormeuil.

FRANVAL.

Sans doute; mais nous n'irons pas loin.

SCÈNE XV.

ALFRED, FRANVAL, ROCHAIN, Mᵐᵉ DORMEUIL, EUGÉNIE.

Mᵐᵉ DORMEUIL, *bas à Eugénie.*

Voici enfin monsieur Moronval; réparons l'incivilité que nous lui avons faite. (*Haut à Rochain.*) Monsieur, je vous cherchais....

ROCHAIN.

Moi, madame! Je suis à vos ordres.
(*Alfred et Eugénie se parlent bas.*)

Mᵐᵉ DORMEUIL.

Ma démarche a seulement pour but de vous prier d'oublier un coupable soupçon....

FRANVAL, *à part.*

Que veut-elle dire?

ROCHAIN.

Madame.... ce n'est pas la peine. (*A part.*) De quoi s'avise-t-elle à présent?

Mᵐᵉ DORMEUIL.

Pardonnez, monsieur; je vous dois des excuses.... je vous ai d'abord méconnu, et je vous prie d'attribuer mon impolitesse à une erreur bien innocente de ma part.

FRANVAL, *riant malgré lui.*

Hi, hi, hi, hi.

ROCHAIN.

Madame.... de grâce.... je ne suis.... (*A part.*) Il semble qu'on veuille encore se moquer de moi.

6

ALFRED.

Vous voyez, monsieur, qu'on vous rend justice.

FRANVAL.

Veuillez m'accorder, madame, un moment d'atten-
tion. Vous m'avez parlé d'une de vos amies, qui avait
reçu deux parens de même nom. Eh bien, veuillez lui
dire qu'elle a pris précisément le faux parent pour le
vrai.

Mme DORMEUIL.

Si vous vouliez m'expliquer....

FRANVAL, *en désignant Rochain.*

Monsieur que voilà s'est démis obligeamment de sa
place usurpée.

Mme DORMEUIL, *à Rochain.*

Quoi! vous n'êtes pas le commissaire de marine?

ROCHAIN, *en désignant Alfred.*

C'est à monsieur qu'appartient cet honneur.

Mme DORMEUIL.

Pourquoi donc avoir tardé à me désabuser?

ROCHAIN.

J'étais trop heureux d'être accueilli par vous, belle
dame, pour me résoudre à vous détromper. (*A part.*)
Voilà comme on se tire d'affaire quand on est adroit.

Mme DORMEUIL.

Je n'en reviens pas.... Et vous, messieurs, pourquoi
avoir paru si embarrassés?

FRANVAL.

L'étonnement.... la surprise.... le saisissement....

ALFRED.

Maintenant, madame, puis-je me flatter que je sois rentré dans vos bonnes grâces?

Mme DORMEUIL.

Je l'avoue; j'ai été un peu prompte à vous accuser; mais je saurai réparer mes torts.

ALFRED, *bas à Eugénie.*

Enfin, ma chère Eugénie, nous voilà sauvés.

EUGÉNIE, *bas.*

Pas encore, et je tremble en pensant à l'arrivée de votre père.

ALFRED, *bas.*

Ne savez-vous pas qu'il est un Dieu pour les amans? rassurez-vous, et ne troublons pas le présent par la pensée d'un avenir que nous ne pouvons prévoir.

(On entend la ritournelle d'une contre-danse.)

FRANVAL, *rapidement.*

Entendez-vous les instrumens, qui nous appellent à la danse?... Ma foi, vive la danse!... on fait tout danser dans le monde: c'est encore une de mes pensées philosophiques.

AIR: *Tenez, moi, je suis un bon homme.*

> Le riche avare fait sans cesse
> Danser le pauvre créancier;
> La cuisinière, avec adresse,
> Fait danser l'anse du panier;
> Les femmes font, à l'ordinaire,
> Danser l'argent de leurs maris,
> Et les rois font, au ministère,
> Souvent danser leurs favoris.

(A Mme Dormeuil.) Madame, si vous daignez m'ac-

cepter pour votre cavalier, j'aime beaucoup à faire danser les mamans.... Et vous, monsieur Boniface Rochain, commissaire de marine en retraite.... vous allez sans doute nous accompagner.

Air : *Garde à vous, garde à vous,* (*de* la Fiancée.)

Partons tous, partons tous ;
C'est le bal qui commence.
Allons vite à la danse :
On n'attend plus que nous.
    Partons tous.
La journée est superbe,
Nous danserons sur l'herbe.
Eh bien, futurs époux,
    Venez-vous?
Allons donc, partons tous.

Partez tous, partez tous,
Vous dont le ridicule
Attaque sans scrupule
Des plaisirs aussi doux.
    Partez tous.
Mais vous, mesdemoiselles,
Aussi douces que belles ;
De vous plaire jaloux,
Nous voici : restez-nous.

ENSEMBLE.

Partons tous, partons tous ; &c.

SCÈNE XVI.

(Pendant cette scène Moronval entre et examine le jardin.)

ROCHAIN.

Ça, n'oublions pas l'aimable monsieur Baboulard.... Il est bien long-temps, ce me semble, à faire apprêter sa collation.... Je suis à jeun depuis ce matin ; mais quand je dois payer mon dîner, c'est singulier, je perds incontinent tout mon appétit.... Mais, j'y pense, mon amphytrion serait-il désabusé sur mon compte?... Diable! ce ne serait pas mon affaire.... Empêchons-le de communiquer avec les jeunes gens, et allons vite détrousser son petit repas.

SCÈNE XVII.

MORONVAL.

On m'a dit à l'hôtel que mon fils se proposait de venir dans ce jardin public. Cependant je ne l'aperçois pas.... Il sera bien étonné de me voir si tôt; mais la surprise dans laquelle m'a jeté cette lettre.... relisons-la : « Mon cher Moronval, votre fils aime » mademoiselle Eugénie, que vous êtes sur le point » d'épouser. Vous l'ignoriez peut-être, car il m'a assuré » qu'il ne vous en aurait point parlé. Mais j'ai pensé » qu'il était utile de vous en instruire.... » Sans doute, et il était temps!... Je ne m'étonne plus de son empressement à venir à Dunkerque, pour voir le por , disait-il.... Il est amoureux de ma femme et ne m'en dit rien! Est-ce crainte ou délicatesse?... Quand je dis ma femme, elle ne l'est pas et ne le sera plus.... je n'aurai garde d'épouser la maîtresse de mon fils: ce serait m'aliéner l'affection de l'un sans gagner celle de l'autre.... car je pense bien qu'il est aimé. Les jeunes gens! ça se fait toujours aimer.... après tout, poursuivre, à mon âge, une place et une femme, c'était trop de moitié.... Maintenant je dois me borner à épouser les intérêts de mes concitoyens, pour me rendre digne du titre dont je suis investi.... Il est si difficile d'être à l'abri de tout reproche !

AIR :

Les hommes revêtus d'honorables emplois
Ne font pas une erreur qui ne les compromette.
Le trône même, pour les rois,
Est bien souvent une sellette.
La critique a parfois le venin de l'aspic.
Heureux qui peut toujours, contre la médisance,
Prendre, avec confiance,
Pour preuves ses vertus, pour loi sa conscience,
Pour juge le public !

Oui, mon parti est pris.... mais voici un homme qui a l'air de chercher quelqu'un.

SCÈNE XVIII.

MORONVAL, BABOULARD.

BABOULARD.

Monsieur.... pardon.... pourriez-vous me dire de quel côté s'est dirigé monsieur le commissaire de marine, qui était ici il y a un quart d'heure ?

MORONVAL.

Moi ! je ne fais que d'arriver.

BABOULARD.

Je parle du nouveau commissaire.... Vous ignorez peut-être.... Mais il est ici ; je lui ai offert un ambigu, qu'il a daigné accepter, et je venais le chercher.

MORONVAL.

Vous vous méprenez sans doute ; le commissaire de marine nouvellement nommé n'a pu arriver avant moi.

BABOULARD.

Bon !... et pourquoi donc ?

MORONVAL, *à part.*

Il y a ici quelque quipropro. (*Haut.*) Monsieur, vous êtes dans l'erreur ; c'est moi....

BABOULARD.

Ah ! vous allez me dire qu'on a vu en ces lieux deux commissaires de marine.... mais c'est un tour de l'avocat.... et ce n'est pas à moi qu'on en revend....

MORONVAL, *à part.*

Que veut dire ce galimatias ? *(Haut.)* Monsieur, pour vous prouver que vous êtes complètement dans l'erreur, je vous apprendrai que c'est moi, moi enfin, qui suis le commissaire de marine envoyé à Dunkerque.

BABOULARD.

Vous ?

MORONVAL.

Oui, moi.

BABOULARD.

Allons donc ! vous vous moquez.... (*A part.*) C'est comme un fait-exprès, je ne rencontre que des commissaires de marine aujourd'hui.... mais je vois.... cet individu est un parasite qui veut tâter de mon ambigu.... ha, ha, il a bien trouvé son homme!... *(Haut.)* Monsieur le soi-disant commissaire, il y a des niais dans le monde qui croient tout ce qu'on leur débite.

MORONVAL.

Que voulez-vous dire ?

BABOULARD.

Je dis que dans le monde il y a des imbécilles qu'on fait aisément tomber dans le panneau, mais ce n'est pas moi, ha, ha !

MORONVAL.

Savez-vous que vous commencez à m'impatienter ?...
(*A part.*) Quel est cet impertinent ?

Air *du Charlatanisme.*

Je reçois d'étranges honneurs!

BABOULARD, *à part.*

Trois commissaires de marine!
Et dans les trois, deux imposteurs !

MORONVAL, *à part.*

Cet homme est fou, je m'imagine.

BABOULARD, *à part.*

Ce sont peut-être des voleurs....
Oui, mais pour en faire justice,
Il manque un commissaire ici,
Et je voudrais qu'il vînt aussi
Un commissaire de police.

Tenez! voici madame Dormeuil et sa fille. Adressez-
vous à elles.... vous allez être bien reçu.... (*A part.*)
Courons conter tout cela au véritable commissaire; ce
sera réjouissant.   (*Il sort.*)

MORONVAL, *à part.*

Quel original!... Je sais du moins que voici Mme Dormeuil et celle que je devais épouser.... Ma foi, elle
est charmante, et si mon fripon de fils ne m'avait
pas coupé l'herbe sous le pied.... Approchons.

SCÈNE XIX.

MORONVAL, Mme DORMEUIL, EUGÉNIE.

*(Les deux dames traversent le fond de la scène comme si
elles se promenaient.)*

MORONVAL.

Madame, je voudrais avoir l'avantage de vous dire
un mot.

Mme DORMEUIL.

Volontiers , monsieur. *(Les personnages s'avancent
sur le devant de la scène.)*

MORONVAL.

Madame Dormeuil ne reconnaît pas en moi son
correspondant le plus zélé?

Mme DORMEUIL.

Je ne me rappelle pas....

MORONVAL.

En effet, je ne peux être connu de vous, madame,
que par correspondance; mais monsieur Dormeuil me
connaissait beaucoup. Nous étions de vrais amis.... Je
suis Moronval, le commissaire de marine nommé à
Dunkerque.

Mme DORMEUIL, *extrêmement surprise.*

Monsieur.... vous...?

MORONVAL.

Madame, j'ai l'honneur de vous dire que vous voyez
en moi le commissaire de marine....

Mme DORMEUIL.

Encore un commissaire !... mais c'est une gageure....

MORONVAL.

Une gageure ?... je ne comprends pas....

Mme DORMEUIL, *bas à Eugénie.*

Cet homme a l'air d'être encore un intrigant, et certes je ne me laisserai pas abuser deux fois aujourd'hui.... retirons-nous. (*Elles vont pour sortir.*)

MORONVAL.

Madame, de grâce; mon premier abord ne vous prévient peut-être pas en ma faveur; mais veuillez au moins m'expliquer....

Mme DORMEUIL.

En vérité, je crois que l'on s'est donné le mot pour se jouer de ma crédulité.... Apprenez que le commissaire de marine est arrivé.

MORONVAL.

Qui le sait mieux que moi ?

Mme DORMEUIL.

Mais il est ici depuis deux heures, mais nous lui avons parlé plusieurs fois, mais il a déjà démasqué un faux commissaire qui s'est présenté....

EUGÉNIE.

Monsieur, ne seriez-vous pas commissaire-priseur ?

MORONVAL.

Comment! commissaire-priseur!... (*A part.*) Décidément, on me joue ici quelque tour.... à moins qu'il n'y ait double emploi dans la nomination, et qu'un heureux candidat n'ait obtenu avant moi.... mais ce n'est pas probable.

EUGÉNIE, *à sa mère.*

Vois comme il est interdit.

MORONVAL.

Madame , soyez persuadée qu'on s'est emparé d'un titre qui m'appartient.

Mme DORMEUIL.

C'est précisément ce que disait celui qui vous a précédé.... Mais si monsieur le commissaire venait , vous seriez, je pense, assez embarrassé.

MORONVAL.

Qu'il vienne, morbleu ! qu'il vienne. Je voudrais bien connaître l'insolent qui tient ici ma place, car tout cela finit par m'échauffer.

Mme DORMEUIL, *à part.*

Je n'y conçois plus rien, et mon incertitude renaît malgré moi....

EUGÉNIE, *à part.*

C'est peut-être le père d'Alfred.... oui, je ne puis en douter.

Mme DORMEUIL.

Ah ! voici le commissaire.

SCÈNE XX.

MORONVAL, Mme DORMEUIL, EUGÉNIE, ALFRED, FRANVAL, ROCHAIN.

Mme DORMEUIL.

Approchez, mon gendre.

MORONVAL, *à part.*

Mon fils !

Mme DORMEUIL, *à Alfred.*

Voici encore quelqu'un qui vient contester votre nomination.

ALFRED.

Ciel! mon père.

Mme DORMEUIL.

Son père!

FRANVAL, *à part.*

Nous sommes pris!

MORONVAL.

Monsieur mon fils, je voudrais bien savoir tout ce que cela signifie?

FRANVAL, *vivement.*

Permettez, monsieur; je suis avocat, votre fils est mon ami, c'est à moi à le défendre. Il aime depuis long-temps mademoiselle Eugénie, et en est aimé. Je l'ai engagé à se présenter à madame sous votre nom et votre qualité : ruse d'amour bien innocente et qui prouve votre mérite, monsieur, puisqu'il a fallu vous emprunter votre réputation pour se faire si bien accueillir de ces dames. Or quelle est la conclusion naturelle de cette explication? le mariage entre les jeunes gens, car un bon père ne peut être heureux qu'en faisant le bonheur de ses enfans. *(A part.)* J'espère que voilà de l'éloquence!

Mme DORMEUIL.

Eh quoi! j'ai été trompée aujourd'hui doublement !

ALFRED.

Ah! madame, je vous en conjure, ne vous joignez pas à mon père pour m'accabler.

ROCHAIN, *à part.*

Et moi qui ai cru également.... ah! si je l'avais su, je n'aurais pas abdiqué si tôt.

MORONVAL.

Qu'on enlève une maîtresse à son père, cela s'est vu ; mais s'emparer encore de sa place, de son rang, c'est trop fort.

ALFRED.

Mon père, j'avais votre procuration.

MORONVAL.

Là, voilà bien les jeunes gens, qui pensent se tirer d'un mauvais pas par une plaisanterie.... mais je veux être fâché, et je le suis réellement.... Que dira le public de ce ballotage de commissaires?.... Tout-à-l'heure quelqu'un m'a déjà pris pour un intrus....

FRANVAL.

Vos reproches, à mon avis, ne doivent pas peser sur nous seuls. Être représenté par son fils, le mal après tout n'est pas grand ; mais voici un honnête monsieur (*il désigne Rochain*) qui, par l'effet d'une méprise, passait généralement pour le véritable commissaire de marine.

ROCHAIN, *à part.*

Cet avocat est un bavard.

MORONVAL.

J'apprends vraiment de jolies choses !... Il était temps que j'arrivasse.... tout le monde aurait été commissaire de marine, excepté moi.... (*A part.*) Faisons-leur peur. (*Haut.*) Monsieur l'avocat, vous plaidez comme un ange ; mais puisqu'ici je suis le juge, je vais prononcer, et voici mon arrêt. Ecoutez.

FRANVAL.

Ecoutons.

MORONVAL.

Attendu que mon fils aime mademoiselle....

FRANVAL.

Bien.

MORONVAL.

Et attendu qu'il en est aimé....

FRANVAL.

Fort bien.

MORONVAL.

Il ne l'épousera pas.

FRANVAL.

Jugement mal posé.... et j'en appelle.

MORONVAL.

D'ailleurs, il y a sans doute opposition de la part de madame, qui a cru m'accorder sa fille, en la promettant à mon fils.

ALFRED.

Ah! madame, levez cette fâcheuse opposition.

EUGÉNIE.

Ma mère n'a jamais mis opposition au bonheur de sa fille.

Mme DORMEUIL.

A propos, je soupçonne que ma fille était du complot.

MORONVAL.

Cela se pourrait bien, et peut-être depuis que mon fils a fait la connaissance de mademoiselle à Paris.

ALFRED.

Quoi! mon père, vous saviez...?

FRANVAL.

Pour moi, madame, je vais vous prouver deux choses....

Mme DORMEUIL.

Plaidez pour vous-même, avocat; vous en avez besoin.... Mais en levant cette terrible opposition, le jugement de monsieur reste.

MORONVAL.

Un moment. On a interjeté appel. Le juge a prononcé; mais le père n'a encore rien dit.

FRANVAL.

A la bonne heure!

MORONVAL.

Je casse le jugement, et mon fils épousera celle qu'il aime dans le plus bref délai.

FRANVAL.

Vivat! j'ai gagné ma cause.

Air: *Au temps heureux de la chevalerie.*

L'homme de loi qui défend un coupable
N'est pas toujours assuré du succès;
Un délinquant, reconnu punissable,
Malgré nos soins, doit perdre son procès.
Le tribunal est souvent peu sensible
Aux beaux efforts des avocats du jour;
Mais, cependant, quel juge est inflexible,
Quand on défend la cause de l'amour?

SCÈNE XXI.

LES PRÉCÉDENS, BABOULARD.

BABOULARD.

(Il arrive sur le devant de la scène et dit à part.)

Mon ambigu est prêt depuis long-temps; mais on

tient tant de discours différens que je ne sais plus, en
vérité, quel est le véritable titulaire. C'est très-embar-
rassant.... Décidons-nous pourtant. *(à Alfred.)* Monsieur le commissaire....

ALFRED.

Ce n'est pas moi.

BABOULARD, *à part.*

Diantre ! je m'adresse justement à faux. *(Haut.)*
Cependant je pensais que vous étiez...?

ALFRED.

Oui, je l'étais.... par intérim.

BABOULARD.

Par intérim? ah! c'est différent. *(Allant de l'autre
côté du théâtre et s'adressant à Rochain.)* Monsieur le
commissaire de marine veut-il...?

ROCHAIN.

Ce n'est pas moi.

BABOULARD.

Ce...! *(A part.)* Etait-ce aussi un commissaire par
intérim?... *(Haut.)* Vous m'avez dit pourtant, monsieur, que vous étiez commissaire?

ROCHAIN.

Je le dis encore; mais je suis commissaire....
priseur.... *(Il prise à ce mot.)*

BABOULARD.

Priseur?... ah! c'est différent.... *(A part.)* C'est
unique comme j'ai été trompé aujourd'hui!...

MORONVAL.

C'est moi le véritable commissaire de marine....

BABOULARD.

Bah !... (*A part.*) Là, et moi qui l'ai reçu si cava-
ièrement....

MORONVAL.

Votre pénétration a été en défaut.

BABOULARD, *ricanant.*

Ouï, oui, hé, hé, hé.... (*A part.*) Enfin voilà
le bon, et je ne suis pas d'humeur à perdre mes frais
de comestibles.... (*Haut et très-poliment à Moronval.*)
Monsieur, je vous ai méconnu tout-à-l'heure, et j'en
suis bien mortifié. Mais vous savez pour qui j'ai voulu
faire préparer l'ambigu en question.... et si vous
vouliez me faire la grâce de....

MORONVAL.

Merci bien.... je n'ai pas l'usage d'accepter des repas
de gens que je ne connais point.

BABOULARD, *à part.*

Me voilà bien à présent!... De trois commissaires
de marine, il n'y en a qu'un qui n'est pas apocryphe,
et c'est précisément celui-là qui refuse....

ROCHAIN.

Pour moi, je ne vous ferai pas attendre, monsieur;
je suis à vous.

BABOULARD.

Vraiment, monsieur le commissaire.... priseur.
(*Il fait mine de priser.*) Hon.... hon.... (*A part.*) Je
joue de malheur aujourd'hui.... Ne faut-il pas se
donner tant de peines pour offrir son bien !... j'enrage.

(Il sort.)

8

SCÈNE XXII.

LES PRÉCÉDENS, HORMIS BABOULARD.

ROCHAIN, *à part.*

Eh bien ! ce butor m'invite et me plante là !...
Il paraît qu'on est sans gêne à Dunkerque.... Hé !
monsieur Baboulard, le rentier-consommateur ...

(*Il sort en courant.*)

SCÈNE XXIII ET DERNIÈRE.

LES PRÉCÉDENS, HORMIS ROCHAIN.

Mme DORMEUIL.

Nous sommes enfin délivrés de ces originaux ; nous
allons retourner en ville, et vous me ferez le plaisir,
messieurs, de venir souper chez moi.

FRANVAL.

Charmante assignation !

AIR *de Lantara.*

Aujourd'hui je renonce aux lois,
Et l'abandon est pardonnable ;
Un avocat peut quelquefois
Quitter le Code pour la table.
Vous le savez, je suis flamand,
Et je ferais sotte figure
De laisser le Code gourmand
Pour le Code de procédure.

MORONVAL.

Dans la marine de ce port
Me voilà nommé commissaire.
Puis-je être assuré de mon sort ?
Cela dépend du ministère.
De n'en jouir que peu d'instans
Ce me serait un coup sensible ;
Mais j'ai le cœur de mes enfans :
C'est une place inamovible.

Mme DORMEUIL.

Aux dignités être arrivé ,
On croit que c'est béatitude ;
Mais le plaisir d'être élevé
Se perd bientôt par l'habitude.
Aux grands honneurs des gens titrés
Les grandes peines sont voisines ,
Et dans de beaux fauteuils dorés
On est souvent sur les épines.

ALFRED.

Quand le savoir , la probité
Obtiennent un poste honorable ,
Le dignitaire est respecté ,
Parce que l'homme est respectable.
Mais plus d'un ignorant , je croi ,
Dont au budget la part est large ,
Pense briller dans un emploi ,
Tandis que ce n'est qu'une charge.

EUGÉNIE , *au public.*

Souvent des applaudissemens
Sont sollicités du parterre.
Mais nous pour de faibles talens ,
Nous ferons une autre prière :
Messieurs , de vos sifflets vengeurs
N'éveillez pas l'heureux silence ;
C'est là tout ce que les auteurs
Espèrent de votre indulgence.

FIN.